バッグの型紙の本
越膳夕香

step 1 | バッグの基本

バッグの部分名称 ... p.4
型紙を作るときに用意するもの ... p.5
基本のA4トートバッグの作り方 ... p.6
自分サイズのバッグの型紙を作る ... p.14

コラム　column
付録の使い方 ... p.19
付属パーツについて ... p.71

step 2 | 形のアレンジ

袋の形 ... p.20
まちのない形 ... p.22
切り替えのあるデザイン ... p.24
たたむまち ... p.26
別布でまちをつける ... p.27
展開デザイン ... p.31

袋口の形 ... p.46
かぶせ（フラップ）をつける ... p.48
ファスナーをつける ... p.50
パーツをプラスして閉じる ... p.52

持ち手の形 ... p.36
2本持ち手 ... p.38
2本持ち手（外づけ） ... p.41
1本持ち手 ... p.42

ポケットの形 ... p.56
一重仕立てのポケット ... p.58
二重仕立てのポケット ... p.60
まちつき立体ポケット ... p.64
縫い込みポケット ... p.66
ファスナーつきポケット ... p.68

step 3 | 組み合わせてバッグを作る

底切り替えのトートバッグ ... p.72
ビッグサイズのトートバッグ ... p.73
A4サイズの縦長バッグ ... p.74
メッセンジャーバッグ ... p.75
巾着バッグ ... p.76
2wayバッグ ... p.77
3wayリュック ... p.78
ミニトートバッグ ... p.79
ファスナーポーチ ... p.79

この本に関するご質問は、お電話またはWebで
書名…バッグの型紙の本　本のコード…NV70429　担当…加藤みゆ紀
Tel…03-3383-0765（平日13:00〜17:00受付）
Webサイト…「手づくりタウン」　https://www.tezukuritown.com/
※サイト内（お問い合わせ）からお入りください。（終日受付）

★本誌に掲載の作品を、複製して販売（店頭、ネットオークション等）することは禁止されています。手作りを楽しむためにのみご利用ください。

この1冊で、
作りたいバッグの型紙が自在に作れます

まずは、バッグの型紙作りに必要な**基本の知識**を覚えましょう。
製図、型紙の作り方、基本の仕立て方、自分サイズの型紙の作り方を学びます。

「袋」「持ち手」「袋口」「ポケット」の**アレンジ方法**をマスターしましょう。

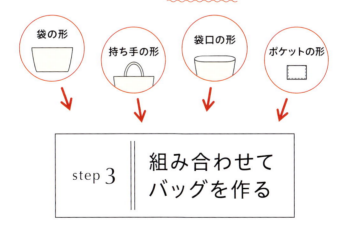

step2で学んだ**4つのパーツを組み合わせて**、好きな形のバッグを作りましょう。

step 1 バッグの基本

まずは、バッグ作りの基本を、
A4トートバッグを作りながら覚えましょう。
さらに、自分サイズの型紙の作り方をマスター。

バッグの部分名称

バッグ作りには、部分名称がたくさん登場します。スムーズに作業できるように覚えておきましょう。

持ち手
バッグを持つ部分。ハンドル、手提げなどとも。

内ポケット
内側につくポケット。

外ポケット
外側につくポケット。

袋
胴、まち、底を合わせて袋と呼びます。

底
バッグの底部分。

見返し
袋口の内側につく別布。

袋口
ものを出し入れする部分。

脇
バッグの脇部分。

胴
バッグの本体部分。

まち
家具でいうと「奥行き」にあたる部分。

かぶせ
袋口にかぶせるパーツ。ふた、フラップとも。

角カン
四角い形をしたカン。

コキカン
長さ調整をするための金具で、漢字の日の字のような形をしています。

ショルダーストラップ
肩に掛けるための紐。

型紙を作るときに用意するもの

型紙作りに必要な基本の道具を用意しましょう。

道具

バッグの製図や型紙作りに、あると便利な道具です。
正確な型紙を作るためにおすすめ。

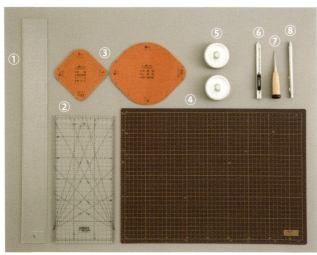

※袖丸み形…クロバー（株）

①方眼定規（50cm）
5mm方眼入りの50cm定規。カッターを当てて紙を切ることができる金属エッジつきのものを。

②方眼定規（幅広）
幅15cmと広めの方眼定規。30度、45度などの角度線入りなので、斜線や、正確な垂直線を引くときに便利。

③袖丸み形
和裁で袂の丸み線を引くための道具。さまざまなカーブをきれいに描くのに重宝します。

④カッターマット
方眼入りのカッターマットがあれば、方眼定規と組み合わせて、より正確な作業が可能。

⑤裁断用ウェイト
紙や布が動かないように押さえるための重し。定規とカッターで切るときにも役に立ちます。文鎮などでも代用可。

⑥カッター
型紙や接着芯を切り出すときに使用します。はさみよりも正確に切り出せます。

⑦目打ち
線を引いたり点の印をつけたり、型紙を作るときから縫製段階まで大活躍するバッグ作りの必須アイテム。

⑧筆記用具
正確な製図のためには鉛筆よりもシャープペンシルがおすすめ。消えるチャコペンやボールペンは避けましょう。

用紙と芯材

①～②に製図し、③～⑥に写して使います。
方眼紙にはいろいろな種類がありますが、使いやすいものを選びましょう。

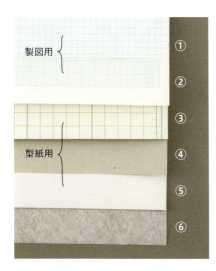

①5mm方眼紙
A4やA3などのサイズでパッド状で売られているもので、製図に使います。シンプルな直線のデザインならこれで十分です。

②1mm方眼紙
複雑なラインのデザインを考えるなら、大判サイズの細かい方眼紙に、実寸で製図するのがおすすめ。④などに写して型紙を作ります。

③工作用紙
方眼が印刷された厚紙。ここに製図して切れば、そのまま型紙として使うこともできます。

④地券紙
本の表紙や箱の台紙に使われる再生紙。①や②の方眼紙に書いたものを写したり、直接製図をしたりして型紙を作ります。底板などの芯材としても使えます。

⑤白ボール紙
菓子箱やTシャツのパッケージの台紙なども利用可能。小物や、カーブの部分型紙などに。

⑥接着芯（不織布タイプ）
シャープペンシルで直接ここに製図を写せば、生地に貼ってスピーディーに裁断できます。ただし、この方法は1回限りで保存性はありません。

基本のA4トートバッグの作り方

基本のバッグの製図から、型紙を作って縫ってみましょう。

基本のつまみ底

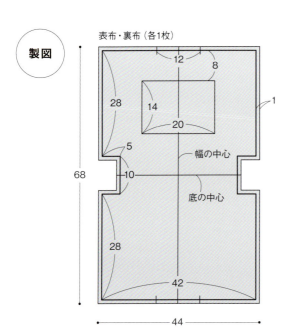

◎ **材料**
表布：70×70cm
裏布：70×70cm
接着芯（不織布タイプ）：100×85cm

◎ **でき上がりサイズ**
口幅42（底幅32）×高さ28×まち幅10cm

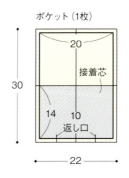

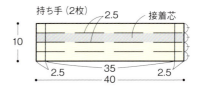

○型紙の
作り方　※ここではわかりやすいように、実寸の1/3サイズで撮影しています。

1　胴の中心線を引く　※方眼の入った紙を使う場合は、方眼に合わせて中心線を引きます。

①無地の紙を使う場合、製図よりも一回り大きな長方形の紙を用意します。正確な十字の中心線を引くため、横の中心位置を測り目打ちで印をつけます。下側も同様に中心に印をつけます。

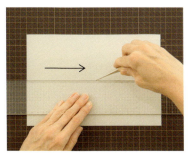

②紙をシャープに折るために、①でつけた印をつないで、目打ちで線を引いて筋を入れます。力を入れ過ぎて、切り離してしまわないように注意。

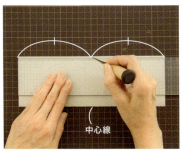

③縦の中心線で折り、脇の中心の印をつけます。目打ちを垂直に当てて、2枚通して穴を開けます。

④もう一度広げて③でつけた印をつないで線を引き、②と同様に、目打ちで筋を入れます。

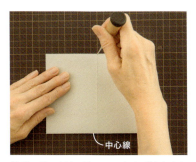

⑤④の線で折り、①でつけた印がきちんと重なって、縦横の中心線が垂直に交わるか確認します。縦の線が幅の中心線、横の線が底の中心線になります。

2　でき上がり線と縫い代線を引く

①幅の中心から両脇のでき上がり線と縫い代線を測って印をつけます。底中心で折って1-③と同様にして反対側の袋口にも印をつけます。

②上下の印をつなげて、脇のでき上がり線と縫い代線を書きます。

③同様にして、袋口のでき上がり線と縫い代線を測って書きます。

④定規を当てて縫い代線でカットします。

⑤アウトラインができました。

3 まち線を引く

①底の中心線からまち幅の半分を測って印をつけます。

②底の中心線で二つ折りにし、①の印に目打ちを当て反対側に印を写します。

③幅の中心線で二つ折りにし、①②の印を反対側に写します。

④底の中心線で再度二つ折りにし、①の印からまち幅の半分を測って中心線と平行に印をつけます。

⑤②③と同様にして、④の印を反対側に写します。

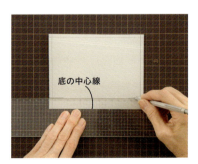
⑥底の中心線で折って定規を当て、①と④の印をつなぎ、まち線を引きます。

⑦残りの3か所も同様に印をつなぎます。まちの横線が引けました。

⑧まちの縦線も同様にしてつなぎ、脇線と平行に(底中心線と垂直に)線を引きます。

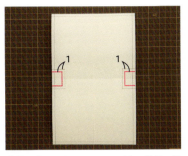

⑨①〜⑧と同様にして、まち線の外側に縫い代線を引きます。

4 持ち手、ポケットつけ位置

①幅の中心線から持ち手つけ位置の寸法を測り、印をつけます。

②3-①〜③と同様にして、印を上下左右対称に正確に写し、持ち手つけ位置の印をつけます。

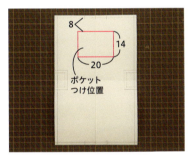

③ポケットつけ位置の寸法を測り、印をつけて線を引きます。

5 完成

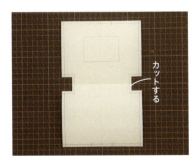

①底と幅の中心線で折り、それぞれ印の位置を確認します。まちの縫い代線に定規を当てて、正確にカットしましょう。

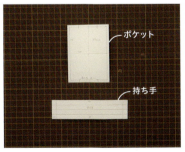

②2と同じ要領でポケットの型紙、持ち手の型紙も作ります。

◯ 裁断

1 接着芯（不織布タイプ）に写す

①型紙よりも一回り大きく、接着芯をカットします。

②接着芯に型紙を乗せ、動かないようにウェイトを置きます。しっかり押さえてシャープペンシルで輪郭線を写します。

③幅の中心線、でき上がり線、持ち手つけ位置に目打ちで印をつけます。

④底中心線にも目打ちで印をつけます。

⑤中心線は上下、左右をつなぎます。でき上がり線、持ち手つけ位置も線を引きます。

裏布用の接着芯には、ポケットつけ位置の印もつけておきます。

2 接着芯を貼り、裁断する

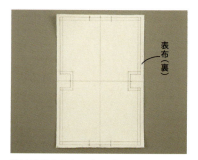

①接着芯を表布の裏に重ね、当て布をして接着します。

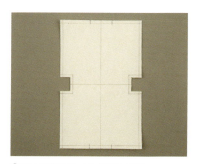

②縫い代線に沿って、裁断します。

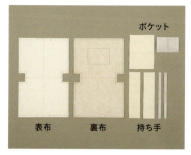

③裏布も同様に接着芯を貼って裁断します。ポケット、持ち手、それぞれに貼る接着芯は、直接線を引いて必要な大きさに裁断しましょう。

縫い方 ※p.11〜13は実寸で解説しています。

1 ポケットを作り、裏布につける

①ポケットの表側になる面のみに接着芯を貼ります。すっきり仕上げるため、縫い代には貼りません。

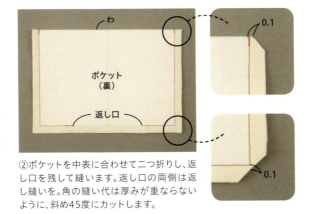

②ポケットを中表に合わせて二つ折りし、返し口を残して縫います。返し口の両側は返し縫いを。角の縫い代は厚みが重ならないように、斜め45度にカットします。

③縫い代を縫い目で接着芯側に倒し、アイロンで押さえておきます。

④返し口から手を入れ、角をたたんだ状態で、親指と人差し指で押さえながら表に返します。

⑤目打ちを縫い目に深く差し込み、きれいに角を出します。目打ちの先端で浅くすくうと、ほつれるだけなので注意。

⑥アイロンで押さえて、形を整えます。返し口の縫い代はきちんと内側に折り込んでおきます。

⑦接着芯に描いたポケットつけ位置の印が表から見えるように、4つの角に目打ちで軽く穴を開けます。

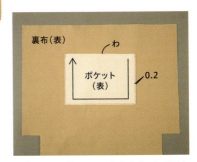

⑧⑦の印にポケットの角を合わせ、3辺を縫ってポケットをつけます。ポケット口の両脇は力がかかるので、必ず返し縫いを。

2 表布・裏布の脇とまちを縫う

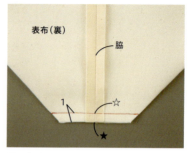

①表布を中表に合わせて二つ折りし、脇を縫います。縫い代はアイロンで割ります。

②脇(☆)と底中心(★)を合わせてまちを縫います。縫い代は上側に倒します。

③表袋が縫えました。袋口をでき上がりに折ります。

④裏布も同様に、脇とまちを縫います。袋口をでき上がりに折ります。

3 持ち手を作り、表袋につける

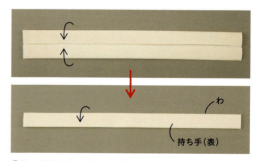

①持ち手の裏に接着芯を貼ります。表側になる部分のみに貼ります。

②持ち手を中心に向かって折り、さらに半分に折ります。

③持ち手の両端にステッチをかけます。
同様にもう1本作ります。

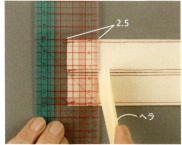

2本が同じ長さで仕上るように持ち手を2本並べて両端をそろえ、ヘラでつけ位置に印をつけます。力がかかる場所なので、持ち手つけの縫い代は1cmではなく、多めにしています。

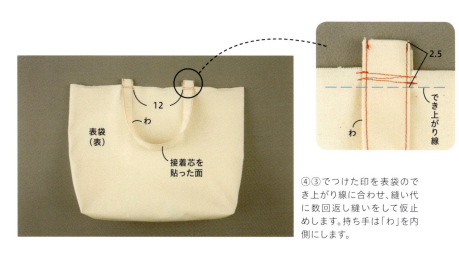

④③でつけた印を表袋のでき上がり線に合わせ、縫い代に数回返し縫いをして仮止めします。持ち手は「わ」を内側にします。

4 袋口を縫う

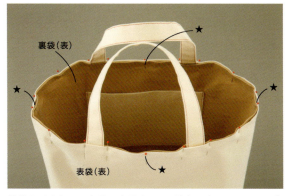

①持ち手を起こし表袋に裏袋を入れ、外表に合わせます。まず、両脇、中心の4か所（★）にまち針を打ち、続いてその間に、表袋と裏袋の釣り合いを見ながら、細かくまち針を打ちます。

②袋口にステッチを1周かけたら、トートバッグの完成です。

自分サイズのバッグの型紙を作る

人それぞれ使いやすいサイズは異なります。
何を入れ、どんなときに使うかによっても違ってきます。
自分が最も使いやすいサイズ、必要なサイズを測って型紙を作ってみましょう。

袋のサイズ

① 大きさを測る

入れたいものが決まっている場合

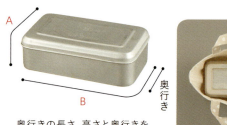

奥行きの長さ、高さと奥行きを足した長さ(A)、横幅と奥行きを足した長さ(B)を測ります。

測った長さぴったりで作ると、取り出しにくかったり、布の厚みによっては入らなくなってしまうので、ゆとりをつけて製図をします。

お気に入りのバッグと同じサイズで作りたい場合

底幅、高さ、まち幅の長さを測ります。

② 製図に数字を当てはめる

入れたいものが決まっている場合

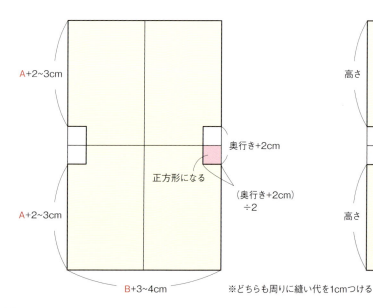

A+2~3cm / A+2~3cm / B+3~4cm / 奥行き+2cm / 正方形になる / (奥行き+2cm)÷2

お気に入りのバッグと同じサイズで作りたい場合

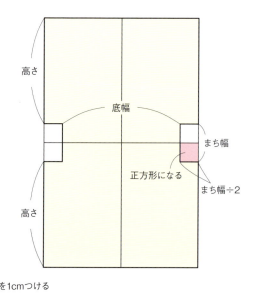

高さ / 高さ / 底幅 / まち幅 / 正方形になる / まち幅÷2

※どちらも周りに縫い代を1cmつける

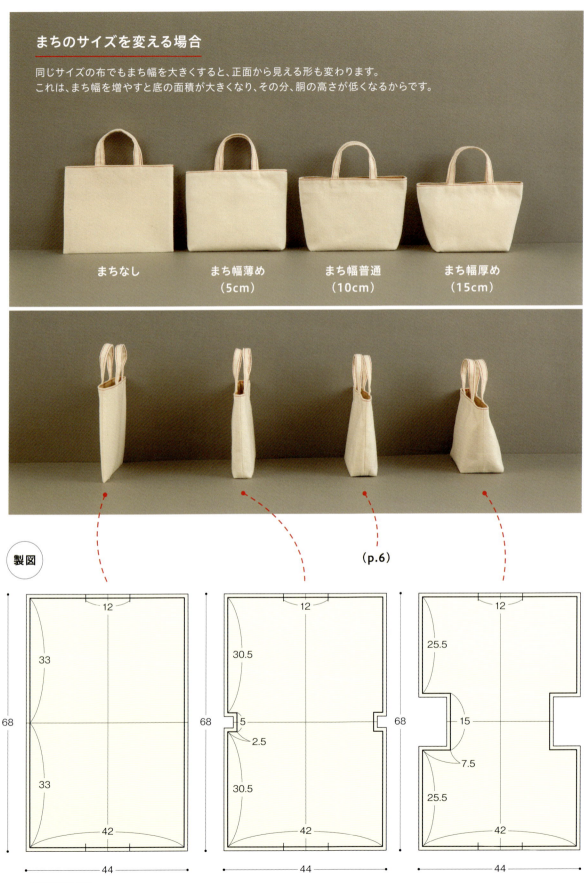

> **持ち手の
サイズ**
>
> バッグを使いやすくするためには、持ち手の長さと幅も重要なポイント。
> 使いやすい持ち手のサイズは、体型によって異なります。
> また、季節によっては服のボリュームに合わせて微調整しましょう。

◎持ち手の長さ　※写真は身長158cmの人が持った場合。

手提げ
35cmの長さの持ち手をつけています。手で提げたり、腕に掛けたりするのにちょうどいい長さです。

ショルダー
50cmの長さにしています。肩に掛ける場合、腕を伸ばしてバッグの底に無理なく手が届く長さにすると、持ちやすいです。

斜め掛け
調整機能つきですが110cmの長さにしています。袋口が腰のあたりにくるので、出し入れがしやすい長さです。

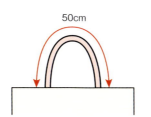
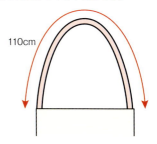

◎持ち手の幅

手提げ
2〜2.5cm程度の幅が、握りやすいのでおすすめです。

ショルダー　斜め掛け
3〜5cm程度の幅がおすすめです。袋が大きく重いものを入れる場合には、太めにすると、肩に持ち手がくい込みません。

◎持ち手の間隔

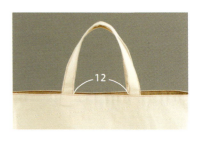

2本持ち手のつけ位置の間隔を基本的に12cmにしているのは、手に握っても、肩に掛けても、袋口の形をきれいにキープできるため。袋が大きいからといって広くしすぎると、袋口がたるんで形が崩れるので注意。ただし、体型や服装によっては調整を。

> **ポケットのサイズ**
>
> 入れたいものの大きさから、自分サイズのポケットを作りましょう。
> ファスナーや仕切りをつけるときには、その分のゆとりを考えて寸法を決めます。

◎ サイズの決め方

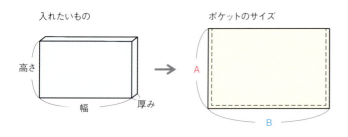

① 手帳や定期入れなど、ポケットに入れたいものを用意し、高さ、幅、厚みを測ります。
② ①で測った寸法にゆとり分を足し、ABの寸法を出してイラスト内に当てはめます。
A…高さ+厚み+ゆとり分3cm以上
B…横幅+厚み+ゆとり分3cm以上

◎ ポケットの目安サイズ

※定期入れや長財布など、お使いのものによっては入らないこともあるので、サイズを確認してから作ってください。

文庫本など、A6サイズ
15×11×厚み1cm

↓

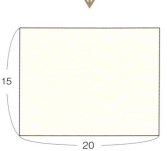

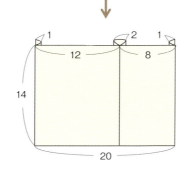

定期入れ+筆記用具サイズ
定期入れ:7×11cm、筆記用具:長さ13cm

↓

長財布サイズ
幅19×高さ9×厚み2cm

↓

付録の使い方

定規と分度器の準備

裏に厚紙を貼って使う方法
使いたい定規を選び、周りに余白をつけてカットします。もしくは、コピーしたり、別の紙に写して使ってもOK。スティックのりを使い、定規の裏に厚紙を貼ります。液体のりは紙が波打ってしまうのでおすすめしません。しっかりとくっついてから、定規の輪郭線に合わせてカットします。

接着芯に透かして使う方法
付録の定規の上に接着芯を重ねて、必要な線だけ写します。脇や底中心などのおもな線を引き終えて、合印を写してから、部分的に追加するとスムーズです。

使い方

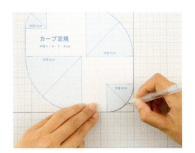

カーブ定規
おもに、3cm、4cmは、ポケットやポーチの底など、小さいパーツに、7cm、8cmは、バッグの底や、かぶせの角などに。カーブの中心と両サイドの合印を忘れずに写しておきましょう。

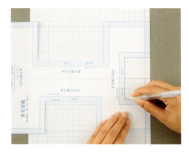

まち定規
この本に登場する、おもな底まち幅の定規。脇の縫い代線と、まち幅の中心（＝底中心）の印を合わせて置き、輪郭をなぞるとともに、必要な印を写します。製図をしたあとに、縫い代のつけ方を間違えていないかチェックするのに使うのもおすすめです。

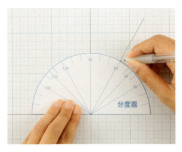

分度器
口広がりや底広がり、ギャザーやタックなどを入れるデザインを考えるときに。必要な角度のところに印をつけ、中心の点と結びます。

持ち手定規
この本に登場する、おもな持ち手の幅、2.5cmと4cm用の、アイロン定規です。アイロンで折るときや、接着芯を裁つときに使うと便利。布の厚さ分として1mm控えた寸法になっています。厚地で、もっと控えたほうがいい場合は、幅を調整してください。特に金具に通す場合などは、実際に生地を折って試してみましょう。

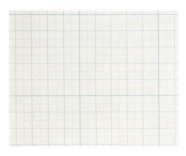

方眼紙
バッグのデザインを実物大で考えるのにちょうどいいサイズの55×55cmの方眼紙です。直接描き込んで、オリジナルバッグの型紙を製図しましょう。何点も作りたい場合は、コピーをして使ってください。

step 2　形のアレンジ

袋の形、持ち手、袋口の形、ポケットを組み合わせて
オリジナルのバッグの型紙を作ってみましょう。

袋の形

この部分

袋はバッグのメインになる部分。
バッグ作りは、まず、ここの形や大きさを決めることから始まります。
中に入れるものや使いみちなど実用的な理由からサイズを割り出すこともあれば、
使いたい生地の柄を生かすことを最優先する場合もあるでしょう。
また、かっちりした丈夫なバッグに仕上げたい、
ギャザーを寄せてふわっとした柔らかいバッグにしたい、
複数の生地を組み合わせたい、とにかくこの形を作ってみたい
など、デザインを決める動機はいろいろだと思います。
どんな場合でも、柄のピッチや方向、素材の厚さや張りなども考慮して、
生地に合ったデザイン（あるいはデザインに合った生地）を選ぶことが大切です。

まちのない形

まちなしフラット
p.22

底にカーブをつける
p.23

カーブ+ダーツを入れる
p.23

切り替えのあるデザイン

上部を切り替える
p.24

下部を切り替える
p.25

たたむまち

たたむまち・W型
p.26

たたむまち・J型
p.26

別布をつけるまち

横まち・直角
p.27

通しまち・直角
p.28

小判底・直角
p.28

横まち・角丸
p.29

通しまち・角丸
p.29

小判底・角丸
p.30

小判底・正円
p.30

展開デザイン

底幅を広げる
p.31

袋口を広げる
p.32

切り替えて
ギャザーを入れる
p.33

切り替えて
タックを入れる
p.34

グラニー・テープ持ち手
p.34

グラニー・リング持ち手
p.35

- p.22からの製図の数字は特に指定のない限り、単位はcmです。
- p.22〜35の枚数は表布分のみ表記しています。

まちのない形

まちのない、薄型のデザイン。

まちなしフラット

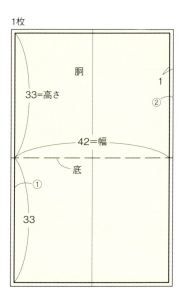

手作りバッグの基本形
レッスンバッグでおなじみの、「幅」×「高さ」だけで「まち」がない形。中に薄いものを入れたいときはもちろん、とっておきの大柄の生地などを、なるべく切ったり隠したりせずに生かしたい場合にも。

製図の手順
①作りたい「幅×高さ」の長方形を描く。それを縦方向に2倍にする。
②周りに1cmの縫い代をつける。この場合は、底は「わ」で裁つ。

～柄に方向のある場合～
「幅×高さ」の長方形を引き、縫い代をつける。2枚裁って底を接ぐ。

底にカーブをつける

柔らかな印象に
p.22の「まちなしフラット」の底にカーブをつけたデザイン。カーブをつけると底を「わ」で裁つことはできないので、前後胴の2枚合わせになる。角が丸いので、「まちなしフラット」よりも柔らかい印象になる。

製図の手順
①「口幅×高さ」の長方形を描く。
②底に半径7cmのカーブを描く。カーブの始点と終点に合印をつける。
③周りに1cmの縫い代をつける。

カーブ+ダーツを入れる

少し厚みのあるものも入る
上段の「底にカーブをつける」のカーブをつまんでダーツを入れ、ふくらみを持たせたデザイン。ダーツの幅や長さでふくらみ具合を調節できる。p.22「まちなしフラット」に比べ、少し厚みのあるものも入れやすくなる。

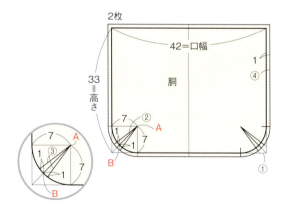

製図の手順
①上段の「底にカーブをつける」の①②を参照して線を引く。
②カーブの中心(A)から、角に向かって対角線を引く。
③対角線とでき上がりの交点(B)から左右1cmずつダーツ線を引く。
④周りに1cmの縫い代をつける。

〜ダーツの倒し方〜
ダーツは基本的に左右対称に倒すが、厚くなってしまうときは、前後胴で互い違いに倒すと、縫い代が均一に仕上がる。

切り替えのあるデザイン

上下に分かれる切り替えの入ったデザイン。見返しを作るときなどにも応用できます。

上部を切り替える

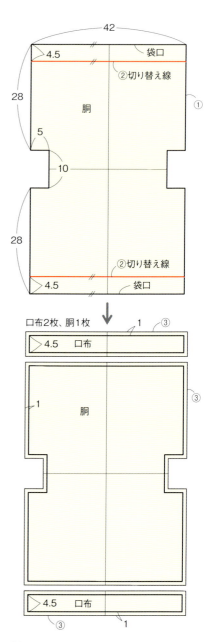

縁取り風のアクセント

口側に切り替えを入れたデザイン。縁取り風のアクセントにもなる。裏布を同様に切り替えて見返しとし、マグネットボタンやポケットをつけることも（p.52、59）。

製図の手順

①「基本のA4トートバッグ」（p.6）と同様に縫い代はつけずに製図をする。
②袋口のでき上がり線から、切り替えたい幅に平行線を引く。
③②の線で切り開き、それぞれ周りに1cmの縫い代をつける。

下部を切り替える

底側に切り替え
底側に切り替えを入れたデザイン。底の布を胴よりも厚地にすれば、底をより丈夫に仕上げられる。切り替え線を利用して持ち手をつけることも（p.72）。

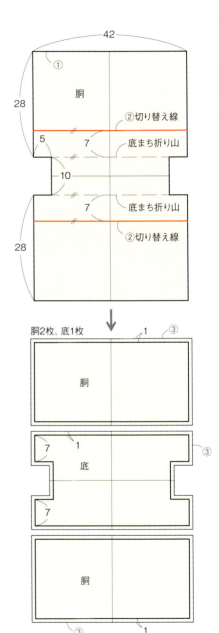

製図の手順
①「基本のA4トートバッグ」（p.6）と同様に縫い代はつけずに製図をする。
②底まちの折り山線から、切り替えたい幅に平行線を引く。
③②の線で切り開き、それぞれ周りに1cmの縫い代をつける。

たたむまち

底をたたんで作るまちのデザイン2種類。

たたむまち・W型

両脇が三角に

まちの角を切らずにたたんで作るまち。脇側から見ると、底の両脇に三角形の出っ張りができるのが特徴。厚地で1枚仕立てのバッグを作る場合などに適している。

たたむまち・J型

底から見るとわかるまち

底側から見ると、底の両脇に三角形の凹みができるのが特徴。こちらもW型と同様に1枚仕立てのバッグや、底を平らにたためるので巾着などにも適している。

◎共通

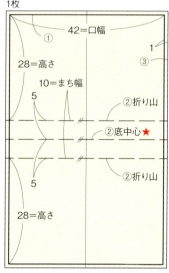

製図の手順

①作りたい「口幅×(高さ+まち幅+高さ)」の長方形を描く。縦はそれぞれのポイントに印をつけながら描く。
②①でつけた印をつないで、「まち幅」の線と、底中心の線を平行に引く。
③周りに1cmの縫い代をつける。

〜まちのたたみ方〜

2つの違いは、底のたたみ方だけ。下記の図のようにたたみ、脇を縫う。裏袋をつける場合は、同じたたみ方はせず「基本のA4トートバッグ」(p.6)の型紙で作るのがよい。

W型
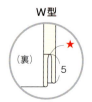

J型
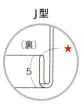

別布でまちをつける

脇、底、胴に切り替えを入れ、3種類のデザインに。直角タイプと角丸タイプを紹介します。

横まち・直角

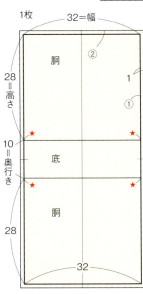

脇のまちが別布
前後の胴と底を続けて裁ったものと、両脇のまちを縫い合わせた形。まちが独立しているので、まちの形を変えることもできる(p.29)。

製図の手順
胴 ..... ①「胴の幅×(高さ+奥行き+高さ)」の長方形を描く。
②周りに1cmの縫い代をつける。
まち... ①「奥行き×高さ」の長方形を描く。
②周りに1cmの縫い代をつける。

～縫い方ポイント～
まちの角と合わせる胴の★の縫い代に切り込みを入れる。中心の印を合わせてから周りを留め、切り込みを入れた胴側を上にして縫う。

> p.27～28の3点は、裏袋をp.6の「基本のA4トートバッグ」の型紙で作ってもよい。

通しまち・直角

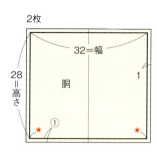
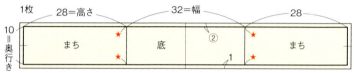

脇と底がつながったまちが別布
両脇のまちと底を続けて裁ったものと、前後の胴を縫い合わせた形。胴が独立しているので、胴の形を変えることもできる（p.29）。

製図の手順
①胴は、「幅×高さ」の長方形を描く。周りに1cmの縫い代をつける。
②通しまちは、「（高さ＋幅＋高さ）×奥行き」の長方形を描く。周りに1cmの縫い代をつける。

～縫い方ポイント～
胴の角と合わせるまちの★の縫い代に切り込みを入れる。中心の印を合わせてから残りを留め、切り込みを入れたまち側を上にして縫う。

小判底・直角

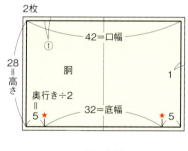

底が別布
前後の胴の両脇を縫って筒状にしてから、底を縫い合わせた形。底が独立しているので、底の形を変えることもできる（p.30）。

製図の手順
①胴は、「（底幅＋奥行き）×高さ」の長方形を描く。周りに1cmの縫い代をつける。
②底は、「底幅×奥行き」の長方形を描く。周りに1cmの縫い代をつける。

～縫い方ポイント～
底の角と合わせる胴の★の縫い代に切り込みを入れる。中心の印や、脇線を合わせてから周りを留め、切り込みを入れた胴側を上にして縫う。

横まち・角丸

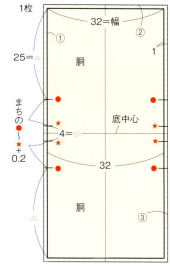
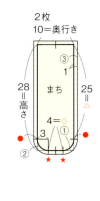

まちの底をカーブに
前後の胴と底を続けて裁ったものと、両脇のまちを縫い合わせた形。p.27「横まち・直角」のまちの底にカーブをつけたデザイン。

～縫い方ポイント～
胴の★と●の間の縫い代に0.8cm間隔で切り込みを入れ、中心の印と合印を合わせてから残りを留める。切り込みを入れた胴側を上にして縫う。

製図の手順

まち… ①「奥行き×高さ」の長方形を描く。
②底に半径3cmのカーブを描く。カーブの始点と終点に合印（★、●）をつける。
③周りに1cmの縫い代をつける。

胴 ….. ①底中心から縦線を引き始める。まち底の奥行きの直線部分の長さ（◇）の両側に底のカーブ（★～●の長さ）+0.2cmを取る。さらにその両側にまちの高さの直線部分（△）を取る。
②横線は胴の幅分を取り、長方形を描く。
③周りに1cmの縫い代をつける。

通しまち・角丸

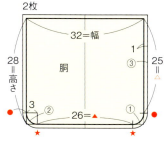
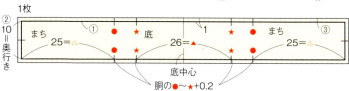

胴の底をカーブに
前後の胴と底を続けて裁ったものと、両脇のまちを縫い合わせた形。p.28「通しまち・直角」の胴の底にカーブをつけたデザイン。

～縫い方ポイント～
まちの★と●の間の縫い代に0.8cm間隔で切り込みを入れ、中心の印と合印を合わせてから残りを留める。切り込みを入れたまち側を上にして縫う。

製図の手順

胴 ….. ①「幅×高さ」の長方形を描く。
②底に半径3cmのカーブを描く。カーブの始点と終点に合印（★、●）をつける。
③周りに1cmの縫い代をつける。

まち… ①底中心から横線を引き始める。胴の底の直線部分（▲）の両側に、底のカーブ（★～●の長さ）+0.2cmを取る。さらに、その両側に高さの直線部分（△）を取る。
②縦線はまちの奥行き分を取り、長方形を描く。
③周りに1cmの縫い代をつける。

小判底・角丸長方形

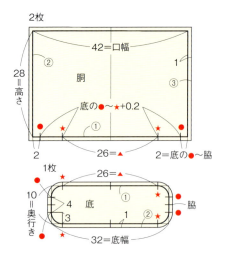

底の4つの角をカーブに
前後の胴の両脇を縫って筒状にしてから、底を縫い合わせた形。p.28「小判底・直角」の底の四隅にカーブをつけたデザイン。

〜縫い方ポイント〜
胴の★と●の間の縫い代に0.8cm間隔で切り込みを入れ、中心の印と合印を合わせてから残りを留める。切り込みを入れた胴側を上にして縫う。

製図の手順

底 ...... ①「底幅×奥行き」の長方形を描き、四隅に半径3cmのカーブを描く。カーブの始点と終点に合印(★、●)をつける。
②周りに1cmの縫い代をつける。

胴 ...... ①底中心から横線を引き始める。底幅の直線部分(▲)の両側に、底のカーブ(★〜●の長さ)+0.2cmを取る。さらに、その両側に(底の●〜脇までの長さ)を取る。
②縦線は胴の高さ分を取り、長方形を描く。
③周りに1cmの縫い代をつける。

小判底・正円

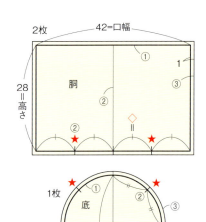

バケツ型バッグ
前後の胴の両脇を縫って筒状にしてから、正円の底を縫い合わせた形。「シンプル1本手」(p.42)をつけても合う。

〜底から製図しても〜
まず、底の円のサイズを決めて描く。そして、「直径×円周率÷8+0.2＝◇」を計算し、「◇×4」を口幅として胴を描く。

製図の手順

胴 ...... ①「口幅×高さ」の長方形を描く。
②幅の中心線を引き、底側は、さらにその間を4分割(◇)して印をつける。
③周りに1cmの縫い代をつける。

底 ...... ①「口幅÷4＝◇」とし、「(◇−0.2)×8÷円周率＝直径」の円を描く。
②円周を8分割して(45度ずつ)印をつける。
③周りに1cmの縫い代をつける。

展開デザイン

フレア分、ギャザー分を広げたり、袋口の形を変えた応用のデザイン。

底幅を広げる

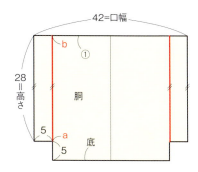

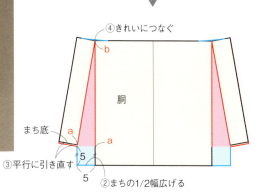

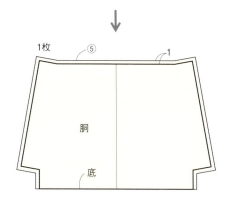

安定感のあるデザイン
袋口周りの距離は「基本のA4トートバッグ」(p.6)と同じで、底幅を、まち幅分広くしたデザイン。底がどっしりした安定感のある形になる。

製図の手順
①「基本のA4トートバッグ」(p.6)と同様に縫い代をつけず製図をする。底の角の点aから袋口に向かって脇線と平行に線を引き、交点をbとする。
②底中心の端をまちの1/2幅広げ、abを切り開く。
③まちの底の足りない部分を、まち底線と平行に引き直す。
④袋口をきれいにつなぐ。反対側も対称にでき上がり線を引く。
⑤周りに1cmの縫い代をつける。

> p.31~35はわかりやすいように片面のみで解説しています。型紙を作るときに、底をわにする、または底に縫い代をつけてください。

袋口を広げる

マルシェバッグ風
底のサイズは「基本のA4トートバッグ」(p.6)と同じで、口幅を、まち幅分広くしたデザイン。袋口の広いマルシェバッグのような形になる。

製図の手順
①「基本のA4トートバッグ」(p.6)と同様に縫い代をつけず製図をする。
②底の角の点aから、袋口に向かって脇線と平行に線を引き、交点をbとする。
③abで切り開き、袋口をまちの1/2幅広げる。
④袋口をきれいにつなぐ。反対側も対称にでき上がり線を引く。
⑤周りに1cmの縫い代をつける。

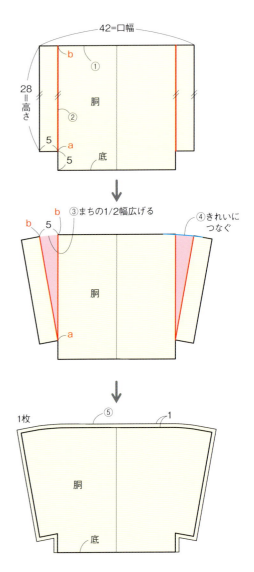

切り替えてギャザーを入れる

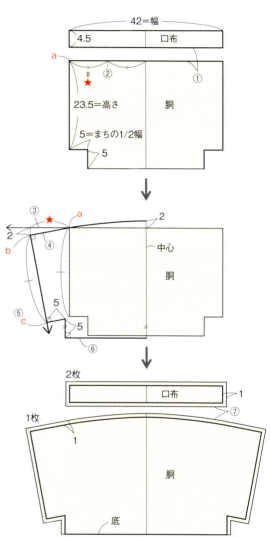

胴には柔らかい素材を
脇線を横にずらしてギャザー分を広げたデザイン。袋口は別布で「上部を切り替える」(p.24)を組み合わせている。胴が柔らかい素材でも、口布にはしっかりした生地を使うと良い。

製図の手順
① 「上部を切り替える」(p.24)を参照して製図する。
② 胴の上端を半身で2等分(★)する。
③ 上端を外側に★分伸ばす。
④ 中心線を2cm上げたところと、延長線から2cm下がったところbを、aを通ってなだらかにつなぐ。
⑤ bから垂直線を下に向かって伸ばし、もとの高さと同じ長さの位置をcとする。
⑥ cから中心に向かって垂直線をまちの1/2幅引く。さらに、底中心に向かってまちの1/2幅を中心線と平行に引き、底中心線を引き直す。
⑦ 左右対称に製図し、周りに1cmの縫い代をつける。

～中心の印を忘れずに～
ギャザーを寄せる前の平らなうちに、中心の印がきちんとついているか確認を。口布と縫い合わせるとき、中心の印は重要になる。

切り替えてタックを入れる

すっきりとしたイメージ
「切り替えてギャザーを入れる」(p.33)と同じ形の袋布だが、ギャザーではなく等幅にタックをたたむと印象が変わる。ストライプやチェックの生地ならタックもたたみやすい。

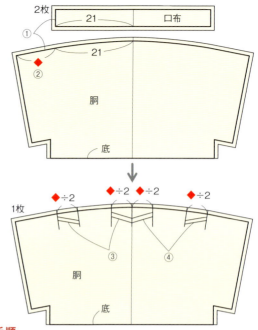

製図の手順
①「切り替えてギャザーを入れる」(p.33)を参照して製図をする。
②胴の袋口から、口布の寸法を引いた長さを測る(◆)。
③半身で2か所タックを入れるので、◆を2等分し、タック線を描く。
④左右対称にタック線を描く。

～タックは仮止めをして～
タックをたたんでアイロンで押さえたら、縫い代をミシンで縫って仮止めをしておくと、スムーズに口布と縫い合わせられる。

グラニー・テープ持ち手

くるんだテープを持ち手に
「基本のA4トートバッグ」(p.6)の袋口のデザインをアレンジした形。2cm幅のテープを二つ折りして袋口のカーブをくるみ、テープをそのまま持ち手に。持ち手部分を長くすれば、肩から掛けることもできる。

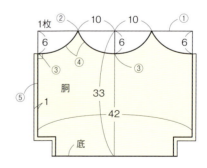

製図の手順
①「基本のA4トートバッグ」(p.6)と同様に縫い代をつけず製図をする。
②袋口の中心から左右10cmのところに印をつける。
③袋口の中心と両脇に、袋口から6cm下がったところに印をつける。
④②と③の印をつなぐカーブを描く。
⑤袋口のカーブは裁ち切り、ほかは周りに1cmの縫い代をつける。

グラニー・リング持ち手

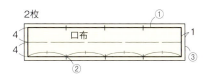

直径12～15cmの持ち手に
「基本のA4トートバッグ」(p.6)の袋口をアレンジした形。袋口を口布でくるんでリング持ち手をつけている。底幅の半分弱にあたる13～15cmくらいのリング持ち手が、ほどよい分量のギャザーが寄るのでおすすめ。

製図の手順
胴 ..... ①「基本のA4トートバッグ」(p.6)と同様に縫い代をつけず製図をする。
②脇のあき止まり位置(12cm)の印をつける。
③口布つけ位置の印を袋口と平行につける。印を4等分して合印をつける。
④袋口側は裁ち切り、そのほかは1cmの縫い代をつける。

口布 ... ①「口幅×袋口から口布つけ位置までの高さの2倍」で長方形を描く。
②長辺を4等分して合印をつける。
③周りに1cmの縫い代をつける。

～持ち手のくるみ方～
合印をきちんと合わせて留めるのが、きれいに縫うコツ。

step 2 | 形のアレンジ

持ち手の形

この部分

持ち手は、手提げで使いたい、肩から掛けたい、斜め掛けにしたい
長さの調節ができるようにしたい、2wayで使いたい
などという機能面からデザインを考え、
自分の体のサイズに合わせて、幅と長さを決めます。
細長いパーツとはいえ、思っていた以上に用尺が必要になることも多いので、
後回しにせずに、最初にきちんと決めて見積もっておいたほうが安心です。
生地に余裕がなくて袋部分と共布で取るのが難しいときには、
別布で持ち手をつければ、それがかえって効果的なアクセントになることも。
また、金具を使う場合には、持ち手の幅を決めたら
それに合うサイズの金具をあらかじめ用意しておきましょう。

持ち手の形

2本持ち手

基本の四つ折り持ち手
p.38

リバーシブル持ち手
p.38

テープづかい持ち手
p.39

幅広二つ折り持ち手
p.39

角カン持ち手
p.40

丸持ち手
p.40

2本持ち手（外づけ）

ステッチでつける
p.41

カシメで留める
p.41

1本持ち手

シンプル1本手
p.42

シンプルショルダー
p.42

リボン持ち手
p.43

コキカン+角カンづかい
p.43

コキカン+ナスカン
+Dカンづかい
p.44

バックル+ハトメづかい
p.45

2本持ち手

端を表袋と裏袋の間に挟み、袋口の両側にそれぞれ持ち手をつけるデザイン。

基本の四つ折り持ち手

基本の持ち手
四つ折りして両側に端ミシンをかけて作る基本の持ち手。厚みが均一で、しっかりした持ち手になる。

製図の手順
①短辺は、「でき上がり幅の4倍」、長辺は、「長さ＋両端に縫い代」をつけた長方形を描く。
②幅を4等分した折り線と、両端の縫い代の線を引く。

〜接着芯について〜
接着芯は、でき上がり幅に裁ったものを表側になる面に貼る。薄地でしっかりさせたい場合には、でき上がり幅の倍に裁ったものを中央に（2本分）貼る。もっとしっかりさせたい場合は全面（4本分）に貼っても。

リバーシブル持ち手

リバーシブルバッグ向け
2種類の生地でリバーシブルバッグを作る場合に。四つ折りするには厚すぎる場合に、厚手の表布と薄手の裏布を組み合わせても。

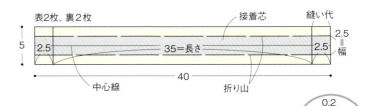

製図の手順
①短辺は、「でき上がり幅の2倍」、長辺は、「長さ＋両端に縫い代」をつけた長方形を描く。
②幅を4等分した中心線と両側の折り線、両端の縫い代の線を引く。

〜接着芯について〜
接着芯は、でき上がり幅に裁ったものを表布、裏布、それぞれに貼る。厚くなりすぎる場合は、片側だけに貼っても。

テープづかい持ち手

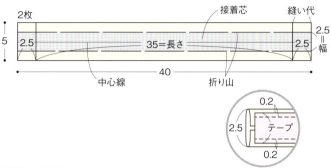

テープがアクセントに
リバーシブル持ち手同様、でき上がり幅の2倍を観音に折ったものにテープやリボンを重ねた持ち手。薄い生地に丈夫なテープを合わせて補強する場合もあるし、リボンなどを合わせてアクセントにする場合もあり、どちらを表に使ってもよい。

製図の手順
リバーシブル持ち手(p.38)と同様に線を引く。

〜テープの選び方〜
テープやリボンは、でき上がり幅と同じか、少し細めのものを選ぶこと。

幅広二つ折り持ち手

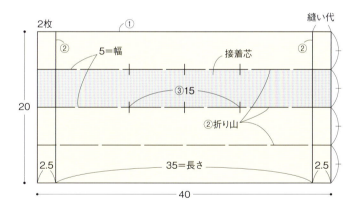

二つ折りで握りやすく
袋口のつけ根のところは、「基本の四つ折り持ち手」(p.38)の倍の5cm幅で、中央部分は幅を半分に折って2.5cm幅にしている。5cmのままだと握りにくいが、細くすることで握りやすくなる。

製図の手順
①「基本の四つ折り持ち手」(p.38)の倍の幅（長さは同じ）で長方形を描く。
②幅を4等分した折り線と、両端の縫い代の線を引く。
③二つ折りにする中央部分の15cmの印を入れる。

〜縫い方ポイント〜
まず、四つ折りにして両端をコの字に縫ってから、中央を二つ折りして縫う、というように分けて縫うと、厚くなってもずれることなくきれいに仕上げられる。

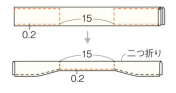

角カンづかい

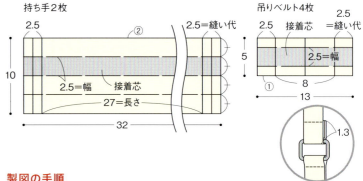

角カンがデザインのポイント
角カンの上は「基本の四つ折り持ち手」(p.38)、角カンの下は「リバーシブル持ち手」(p.38)と同様の作り方。間にカンを入れると、デザインポイントになるのはもちろん、カンのところですっきり倒れるので、使い勝手にも影響する。

製図の手順
①吊りベルトは、「でき上がり幅の2倍×(長さ+縫い代)の2倍」で描く。
②持ち手は、「でき上がり幅の4倍×(全体の長さから吊りベルトと角カンの分を除いた長さ+両端の縫い代)」で描く。

〜縫い代のカットの仕方〜
角カンを通して三つ折りするときの縫い代は、厚くなりすぎないように余分をカットする。

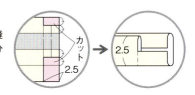

丸持ち手

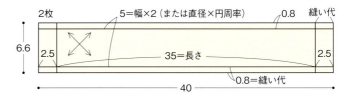

手になじむ持ち手
手に優しくなじむのが魅力の丸持ち手。正バイアスに裁った生地を筒状に縫い、中に持ち手芯などの芯を通して作る。

製図の手順
①「でき上がり幅の2倍(または作りたい直径×円周率)×作りたい長さ」の長方形を描く。
②幅の両側に0.8cm、長さの両端には2.5cmの縫い代をつける。

〜芯の通し方と印つけ〜
中表に二つ折りして縫い、アイロンで縫い代を割って整えてから、ループ返しなどで表に返して持ち手芯を通す。芯を通したあとは、カーブの癖をつけるように適度に引っぱって、なじませる。このときバイアス地が伸びることもあるので、形を整えたあと、2本そろえて長さを測り直し、つけ位置の印をつけ直すとよい。

2本持ち手（外づけ）

2本の持ち手を表袋の外につけるデザイン2種類。

ステッチでつける

ステッチでつける
長辺は「基本の四つ折り持ち手」(p.38)と同様に四つ折りするが、短辺は縫い代を折り込んでぐるりと4辺に端ミシンをかけておく。

製図の手順
①「作りたい幅の4倍×（長さ+両端の重なり分+両端の縫い代）」の長方形を描く。
②角と折り山の余分な縫い代を三角にカットする。
③袋に縫いつけるステッチの線を引く。

カシメで留める

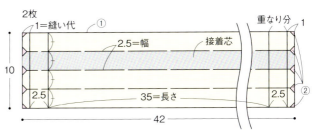

カシメで留める
カシメをつけるための穴は、布の場合はポンチで抜かずに目打ちで広げる程度に。

製図の手順
①「ステッチでつける」（上段）の①と同様に線を引く。
②角と折り山の余分な縫い代を三角にカットする。
③カシメつけ位置の印をつける。

1本持ち手

前後や両脇につける1本タイプの持ち手。長さが調整ができるデザインも。

シンプル1本手

バケツ型バッグや巾着バッグに
幅広の持ち手を前後に1本渡すシンプルな持ち手。バケツ型や巾着バッグなどに。

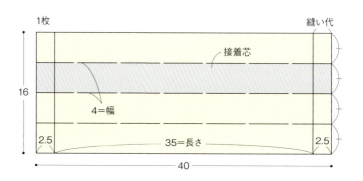

製図の手順
製図の仕方は、幅が異なるだけで、「基本の四つ折り持ち手」(p.38)と同じ。

シンプルショルダー

左右の脇につける
幅広の肩紐を左右の脇に。この長さ80cmは、肩掛けだけで使う場合の一例。斜め掛けにする場合は、測って調節を。

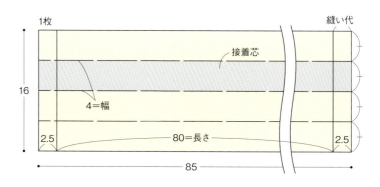

製図の手順
製図の仕方は、幅が異なるだけで、「基本の四つ折り持ち手」(p.38)と同じ。

リボン持ち手

長さは結び方で調節可能
袋口の両脇につけた幅広の紐を2本中央で結ぶ。結び方次第で、肩から掛けたり、斜め掛けにしたり、あるいはもっと短い持ち手にしたりと、自由に変えられるフレキシブルな持ち手。薄手の柔らかい生地に向いている。

4枚
2.5=縫い代
7
5=幅 1
55=長さの1/2   10=結び分
75
6.5=先端分 2.3

製図の手順
①「作りたい幅×(長さの1/2+結び分+先端分)」の長方形を描く。
②先端は好みの角度でカーブを描く。
③周りに1cmの縫い代をつける。

〜カーブの型紙を作る〜
厚紙で先端の型紙を作っておけば、表に返す前にアイロンを当てて縫い代を折るのにも使えて便利。

コキカン+角カンづかい

コキカンで長さの調節可能
斜め掛け用の肩紐で、長さ調節機能をつける方法としてポピュラーな形。コキカンに通した紐を送れば、簡単に長さを調節できる。滑りが悪い生地は避けた方がよい。

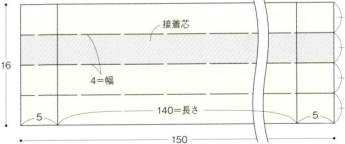

肩紐1枚
接着芯
16
4=幅
5   140=長さ   5
150

製図の手順
①肩紐は四つ折りで作るので、「作りたい幅の4倍×(長さ+カンに通す分の縫い代)」の長方形を描く。
②吊りベルトは、観音に折って作るので、「作りたい幅の2倍×(長さ+縫い代)の2倍」の長方形を描く。

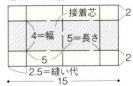

吊りベルト2枚
接着芯 2
8   4=幅 5=長さ
5   2
2.5=縫い代
15

通し方

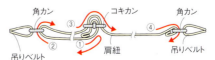

コキカン＋ナスカン＋Dカンづかい

ナスカンで取り外せる
斜め掛け用の肩紐で、長さ調節機能があって、さらに着脱可能な形。2wayや3wayバッグで、肩紐を取り外せるようにしたいなら、コキカンを通した長い肩紐にはナスカンをつけ、袋口のほうにはDカンをつけておくとよい。

製図の手順
肩紐も、吊りベルトも、「コキカン＋角カンづかい」(p.43)と同様に製図する。づかい」と同様に製図する。

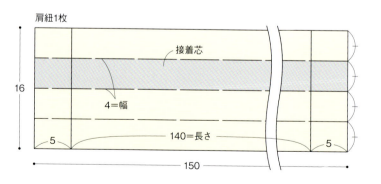

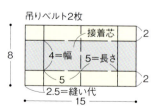

通し方

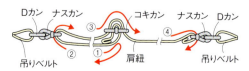

バックル+ハトメづかい

バックルとハトメで長さ調節
斜め掛け用の肩紐で、ベルトのようにバックルをつけて長さ調節機能をもたせた形。長い肩紐と短い肩紐の2本を作り、短い方にバックルをつけ、長い方にはハトメで穴をあけて、何段階かで調節できるようにする。

製図の手順
①肩紐A+肩紐Bの中間のハトメまでの長さが持ち手の全長になる。
②肩紐Aは「作りたい幅の4倍×(長さ+折り返し分+縫い代)」の長方形を描く。肩紐Aはバックルが肩に当たらないように長さを設定。
③肩紐Bは「作りたい幅の4倍×(全長-肩紐Aの長さ)」の長方形をまず描き、端のハトメまでの長さ、余り分、縫い代を両端に足す。
④ループは「作りたい幅の4倍×(肩紐の幅の2倍+1cm)」の長方形を描く。

～ループのつけ方～
縫い代を割って、肩紐Aに通す。生地の厚みによってほどよいゆるみに調節する。

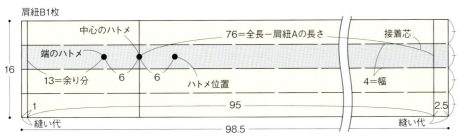

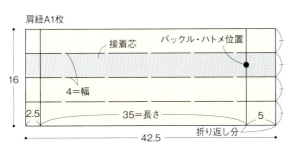

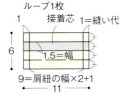

通し方
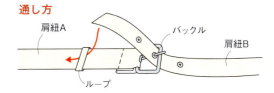

| step 2 | 形のアレンジ |

袋口の形

この部分

袋口は、何もつけずにオープンのままのほうが使いやすいこともあります。
けれど、用途によっては、中身が見えないようにしたい場合や、
セキュリティ面から口が開かないようにしたい場合もあります。
全体をしっかり閉じたいのか、軽く留めたいのかによって
いろいろな方法がありますし、便利な金具も各種あります。
また、袋の形はシンプルでも、袋口のデザイン次第で、
バッグ全体の印象が、がらりと変わることも。
でき上がる直前に追加することができる形もあるので、
何かちょっと物足りないなと感じたら、
袋口を留める機能をプラスしてみるのも一案です。

かぶせ（フラップ）をつける

大かぶせをつける
p.48

小かぶせ+ヒネリ金具
p.49

内かぶせ+マグネットボタン
p.49

ファスナーをつける

口幅より短い
ファスナーをつける
p.50

口幅と同寸の
ファスナーをつける
p.51

パーツをプラスして閉じる

マグネットボタン
p.52

紐
p.52

バネホック留めのタブ
p.53

ナスカン+Dカン留めのタブ
p.53

巾着+紐
p.54

ハトメ+紐
p.55

ボタン+ループ
p.55

袋口の形

かぶせ（フラップ）をつける

別布で作ったかぶせ（フラップ）で袋口を覆うデザイン。

大かぶせをつける

メッセンジャーバッグにおすすめ
袋口の全体を覆う大きなかぶせ。斜め掛けのメッセンジャーバッグに。袋口のサイズから、肩紐の分を控えて幅を決める。

製図の手順
①「（口幅―持ち手幅）×好みの高さ」の長方形を描く。こちらの製図ではかぶせの高さは、袋口部分の奥行き分を考慮して、少し高さを出している。
②角に半径7cmのカーブを引く。カーブの始点と終点に合印をつける。
③周りに1cmの縫い代をつける。

〜縫い方ポイント〜
大かぶせも小かぶせ（p.49）も、表布と裏布を中表に合わせて縫うとき、縦方向にカーブをつけるようにして合わせるとよい。まず中心を留めてから、表布を長めに、裏布を引っ張り気味にして、まち針で留める。

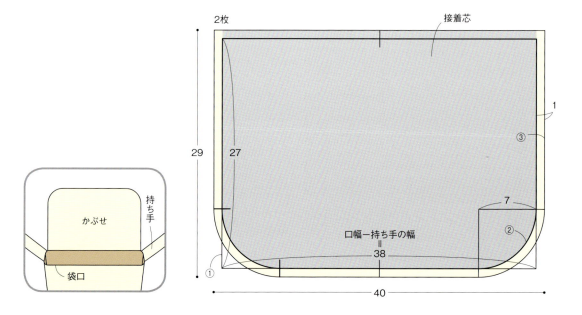

小かぶせ＋ヒネリ金具

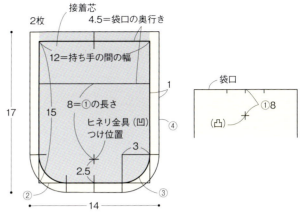

持ち手の間につけるかぶせ
袋口全体を覆うのではなく、中央部分にだけ小さいかぶせをつけて、ヒネリ金具で留める形。袋布とは違う布で作ってアクセントにしても。

製図の手順
①袋口からヒネリ金具つけ位置までの高さを決める。
②「持ち手の間の幅×(袋口の奥行き分＋①の長さ＋2.5cm)」の長方形を描く。
③角に半径3cmのカーブを引く。カーブの始点と終点に合印をつける。
④周りに1cmの縫い代をつける。

内かぶせ＋マグネットボタン

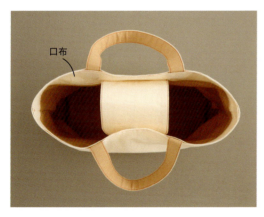

外から見えないように閉じる
「小かぶせ＋ヒネリ金具」と同じサイズながら、こちらは、袋の内側でマグネットボタンで留める仕組み。かぶせが外から見えないので、中身は隠したくても袋布の柄を隠したくないときにもおすすめ。

製図の手順
①袋口からマグネットボタンつけ位置までの高さを決める。
②「好みの幅×(口布の高さ＋袋口の奥行き＋①の長さ＋2.5)」の長方形を描く。マグネットボタンつけ位置をつけるのは表布のみ。
③角に半径3cmのカーブを引く。カーブの始点と終点に合印をつける。
④周りに1cmの縫い代をつける。

ファスナーをつける

まちにファスナーをつけ、袋口につけるデザイン2種類。

口幅より短いファスナーをつける

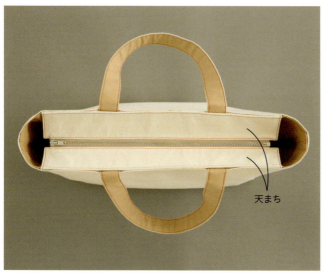

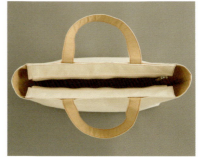

オープンファスナーを使って

口幅よりも少し短めのファスナーの両側に天まちをつけ、袋口の中央につけた形で、両脇は開いている。ここでは、口幅42cmに対して、30cmのオープンファスナーを使用。開具を外せば、ファスナーが必要ないときには、まちを中に落とせる。天まちのでき上がり幅は、間のファスナー幅を足すと底まち幅と同じサイズ。

製図の手順

①「(ファスナーの長さ+両側に1cmずつ)×(底まち幅－ファスナー幅1cm)の1/2」の長方形を描く。
②ファスナー側は0.8cm、袋口側は1.2cm、残りの短辺は1cmの縫い代をつける。

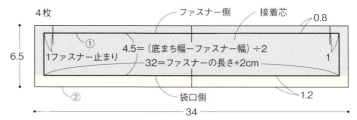

ファスナーの端始末

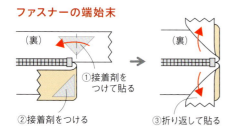

口幅と同寸のファスナーをつける

天まち

端までしっかり閉じられる
口幅とほぼ同じ長さのファスナーの両側に天まちをつけ、袋口の中央につけた形。まちの両脇を縫って袋口と縫い合わせるので、袋口はぐるりと閉じている。言わば、見返し（p.24参照）の片側にファスナーをつけたような形。ここでは、口幅42cmに対して、40cmのファスナー使用。

製図の手順
①「口幅×好みの高さ」の長方形を描く。幅の両端から1cm内側にファスナー止まりの印をつける。高さは目安として5～7cm程度。
②ファスナー側は0.8cm、袋口側は1.2cm、残りの短辺は1cmの縫い代をつける。

～布の選び方～
天まちは最後に袋口を縫うときに表袋と裏袋の間に挟んで縫うので、天まちに使う生地は、薄地を使うと縫いやすい。

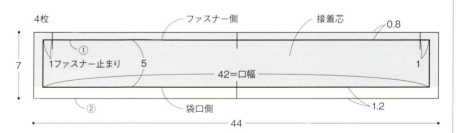

パーツをプラスして閉じる

金具や紐などを使って、袋口を留めたり絞ったりするデザイン。

マグネットボタン

凸側　凹側

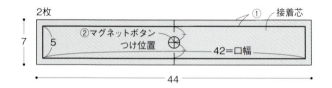

簡単に袋口を留められる

袋口を留める仕組みとして比較的手軽なマグネットボタン。見返しの中央に、マグネットボタンの凹と凸をそれぞれつけている。見返しではなく裏袋に直接つけてもいいが、薄地の場合は、つけ位置の裏側に力布を当てるか、接着芯を重ね貼りするなど、補強しておくと安心。

製図の手順

①「上部を切り替える」(p.24)と同様にして見返しの製図をする。
②見返しの中央に、マグネットボタンつけ位置の印をつける。

～マグネットボタンのつけ方～

割足タイプのマグネットボタンは、付属の座金を当ててつけた2本のスリットの印に、切り込みを入れ、足を差し込んで割ればOK。ほかに、糸で縫いつけるタイプや、カシメタイプなどもある。

紐

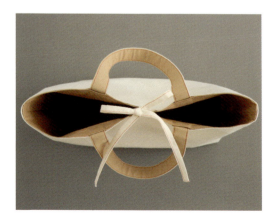

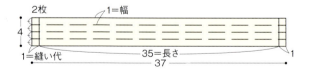

リボン結び

金属製のパーツを使いたくないときに手軽に作れる留め具。幅も長さも、袋全体のバランスを見て決めるとよい。

製図の手順

①「作りたい幅の4倍×(作りたい長さ+両端に縫い代1cm)」の長方形を描く。
②幅を4等分した折り線と、両端の縫い代の線を引く。

～厚地や薄地の場合～

厚地は布の耳を利用して作りたい幅の3倍で裁ち、三つ折りするとすっきりできる。薄地の場合には、中表に合わせて縫い、ループ返しで表に返して作ってもいい。市販のリボンやテープをつけてもOK。

バネホック留めのタブ

厚みのある生地向き
短めのタブを2本作って、先端にバネホックをつけた留め具。観音に折ったものをさらに二つ折りにして、コの字にステッチをかける。帆布やデニムなど、厚みのある生地に向いている。

製図の手順
①「作りたい幅の2倍×(長さ+縫い代)の2倍」の長方形を描く。
②バネホックつけ位置に印をつける。

～接着芯について～
接着芯は、でき上がり幅で全長分に貼った方がいいが、厚すぎるときは片面(長さの1/2)だけでもOK。あるいは、バネホックをつける位置だけにしても。

ナスカン＋Dカン留めのタブ

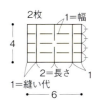

コンパクトサイズに変形
袋口内側の両脇にそれぞれ、小さいナスカンとDカンをつけたタブを挟み込んでおく。中身が少ないときには、留めれば口すぼまりの台形バッグに(p.73)。中身が多いときには、はずして下に垂らしておけば邪魔にならない。

製図の手順
①「作りたい幅の4倍×(作りたい長さ+縫い代)の2倍」の長方形を描く。
②四つ折りの線と、両端の縫い代の線1cmを入れる。

巾着＋紐

中身をしっかり隠せる
袋口に、巾着の上半分を挟み込んでつけたような形。紐をぎゅっと絞れば、中身をしっかり隠すことができる。薄手の生地を使って1枚仕立てにするのがおすすめ。

製図の手順
①「口幅×好みの高さ」の長方形を描く。高さは目安として底幅の1/2程度。
②両脇は袋口から3cm下にあき止まりの印をつける。
③袋口側に1cm、紐通し側は4cm、両脇は割り伏せ縫いにするので1.5cmの縫い代をつける。

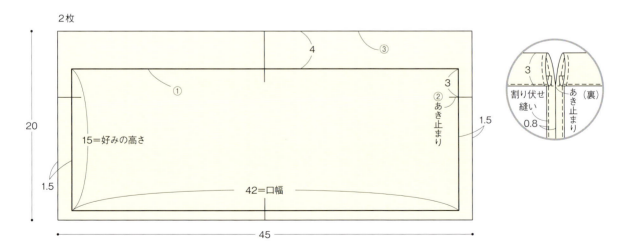

ハトメ＋紐

袋口にハトメをつけて
袋口につけたハトメの穴に紐を通して絞り、巾着型に。紐を緩めて広げれば、普通のトートに戻る。表袋と裏袋を縫い合わせて、バッグを完成させてからでも追加可能。

製図の手順
①袋口から4.5cm下に、平行線を引く。
②袋口幅を8等分した間隔で、ハトメつけ位置の印をつける。

〜紐の長さ〜
両側から紐を通して口を絞る巾着の場合、紐の長さは、口幅の倍＋結び目の分×2本。

ボタン＋ループ

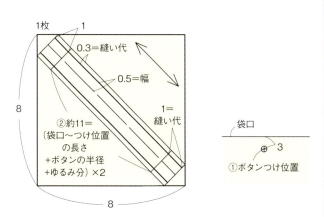

製図の手順
①ボタンつけ位置を決める。
②ループは「(袋口からボタンまでの距離＋ボタンの半径＋ゆるみ分＋縫い代)の2倍×(でき上がり幅の2倍＋両側に縫い代)」の長方形を描く。

〜ループのつけ方〜

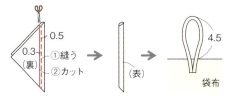

お気に入りのボタンをアクセントに
袋口に細いループを挟み込み、反対側につけたボタンで留める仕組み。ボタンホールを開けるわけではないので、気軽につけられるし、アクセントにもなる。ループはバイアス方向に裁つと、ほどよい伸びがあり、開け閉めがしやすい。

step 2 | 形のアレンジ

ポケットの形

この部分

ポケットの役目は、細々したものが行方不明にならないように整理すること。
いわば、バッグの側面にくっついたポーチのようなものです。
中に入れるものが具体的に決まっているなら、そのサイズを測り、
バッグのどこにつけたら使いやすいかを考えましょう。
特に何を入れるか決まっていないけれど、とりあえず余った生地でつけておく
というのもOK。面倒がらずにポケットをつけておけば、きっと役に立ちます。
さらに、まちつきや仕切りつきなど、いろいろなポケットの
作り方をマスターすれば、バッグの使い勝手がアップするはず。
大きいサイズのバッグなら、違うタイプのポケットを
いくつか組み合わせてつけるのもおすすめです。

一重仕立てのポケット

四角いポケット
p.58

底にカーブつきのポケット
p.59

吊るしポケット
p.59

二重仕立てのポケット

基本のポケット
p.60

仕切りつきポケット
p.61

ダブルポケット
p.61

ボタン留めのポケット
p.62

かぶせつき
ボタン留めポケット
p.63

まちつき立体ポケット

まちつきポケット
・ベーシック
p.64

まちつきポケット
・仕切りつき
p.65

縫い込みポケット

基本の縫い込み
ポケット
p.66

縫い込みポケット
・仕切りつき
p.66

ゴム入りギャザー
ポケット
p.67

持ち手の間につける
ポケット
p.67

ファスナーつきポケット

基本の
ファスナーポケット
p.68

切り替え線利用の
ファスナーつきポケット
p.69

ファスナーつき
切りポケット
p.70

一重仕立てのポケット

厚地で作るのにも向いている一重仕立てのポケット3タイプ。

四角いポケット

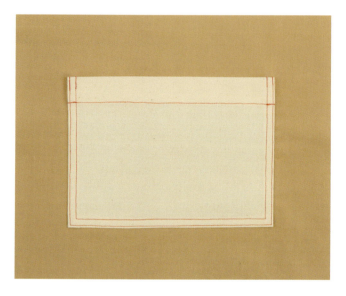

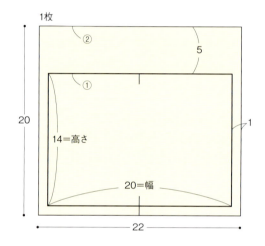

ポケット口は三つ折りで

ポケット口を三つ折りして縫い、3辺の縫い代を折って袋布に重ねて縫いつける。3辺の裁ち端が内側でほつれないように、ダブルステッチで押さえている。裁ち端をジグザグミシンで始末すれば、ステッチは1本でもOK。

製図の手順

①でき上がりサイズの長方形を描く。
②ポケット口は2.5cm幅で三つ折りするので5cm、それ以外の3辺は1cmの縫い代をつける。

〜ポケット口の縫い代始末〜

不要な縫い代はカットして、ポケット口の三つ折りと、3辺を折る順番にもひと工夫すればすっきり仕上がる。

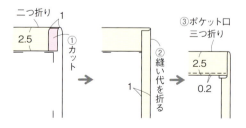

底にカーブつきのポケット

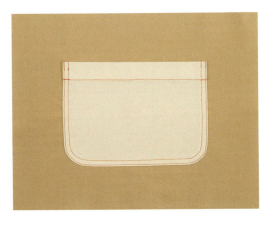

底をカーブに
ポケット口を三つ折りして縫ってから、3辺とカーブ部分の形を整え、袋布に重ねて縫いつける。

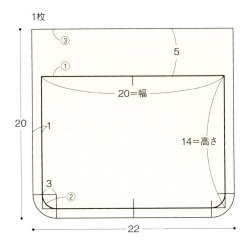

製図の手順
①でき上がりサイズの長方形を描く。
②底の角に半径3cmのカーブを描く。
③ポケット口は2.5cm幅で三つ折りするので5cm、それ以外は1cmの縫い代をつける。

〜カーブの整え方〜
カーブをきれいに作るには、まずカーブの型紙を厚紙で作っておく。縫い代をぐし縫いし、カーブの型紙を当て、糸を引いて縮める。または、カーブの型紙を当てて、アイロンでひだを寄せながら形を整える。

吊るしポケット

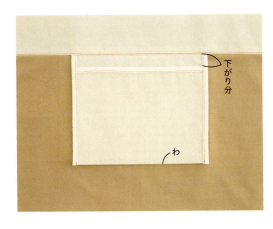

ぶら下がるデザイン
一重仕立てで、裁ち端をテープでくるんだポケットを裏袋上部の見返しに挟み込んでつける。上だけがくっついていて、3辺は浮いている状態。

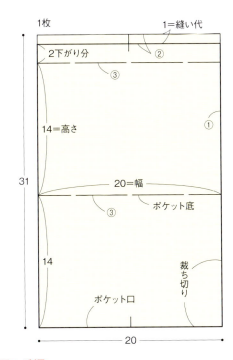

製図の手順
①「作りたい幅×高さの2倍」の長方形を描く。
②ポケット口と脇はテープで始末するので裁ち切りに。吊るし側は、下がり分2cmと縫い代1cmをつける。
③ポケットの底、下がり分の横線を引く。

二重仕立てのポケット

袋状に縫う二重仕立てのポケット。薄い生地でもしっかり丈夫にできる。

基本のポケット

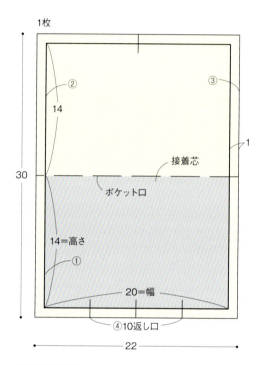

ベーシックなポケット
中表に二つ折りにして袋状に縫い、表に返して作るポケット。3辺を縫いつけることで、ポケット底の返し口も同時に閉じられる。返す前にアイロンで縫い代を折って、目打ちで角をシャープに出すのがきれいに仕上げるポイント。お好みでポケット口にステッチを入れても。詳しい作り方はp.11を参照。

製図の手順
①でき上がりサイズの長方形を描く。
②①を縦に2倍にする。
③周りに1cmの縫い代をつける。
④ポケット底に返し口（幅の1/2）の印をつける。ポケット口は「わ」で裁つ。

〜接着芯の貼り方〜
接着芯は、ポケットのでき上がりサイズよりも0.1〜0.2cm控えて裁ち、貼ると、表に返したときにすっきりと仕上がる。

仕切りつきポケット

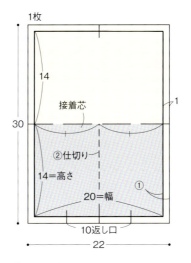

仕切りのステッチで2分割

「基本のポケット」(p.60)の中央に仕切りを縫って、二つに分けた形。中に入るものによって、2等分でなくてもOK。細い仕切りにすれば、ペン専用のポケットに。

製図の手順

①「基本のポケット」(p.60)と同様に製図する。
②仕切りの線を引く。

ダブルポケット

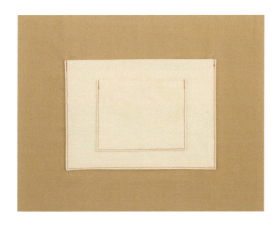

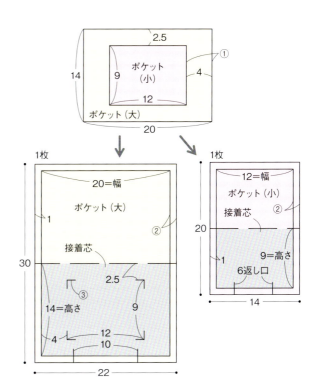

カードの定位置にもおすすめ

「基本のポケット」(p.60)に、ひとまわり小さいポケットを重ねた形。この小さいポケットはカードサイズ。入れたいものに合わせて、好みのサイズを組み合わせて。

製図の手順

①ポケット(大)(小)の大きさを決める。
②ポケット(大)(小)を「基本のポケット」(p.60)と同様に製図する。
③ポケット(大)の表側にポケット(小)つけ位置の印をつける。

ボタン留めポケット

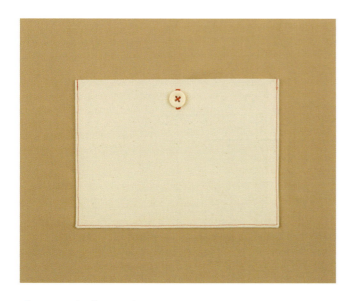

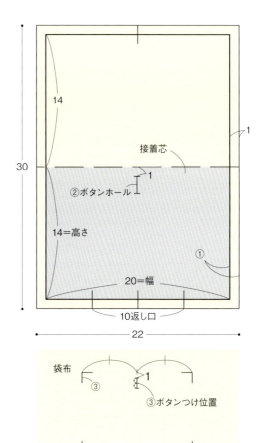

ポケット口をボタンで留める
「基本のポケット」(p.60)のポケット口を、ボタンで留める形。先にボタンホールを開けてから、袋布に重ねて3辺を縫う。ボタンホールを縦穴にしておけば、ポケットの中にものを入れて少しふくらんでも大丈夫。

～代用品について～
ボタンの代わりに、バネホック(p.53)をつけてもよい。

製図の手順
①「基本のポケット」(p.60)と同様に製図する。
②ボタンホール位置の印をつける。
③袋布側には、ポケットつけ位置とボタンつけ位置の印をつける。

かぶせつきボタン留めポケット

アクセントになるポケット

基本のポケットに、かぶせをつけて、さらにボタンで留める形。アクセントにもなるので、表袋につけてもいい。また、ボタンをつけずに、かぶせだけにしても。

〜かぶせのつけ方〜

かぶせを中表に合わせて縫い、返し口から表に返す。ポケット口にかぶせを合わせてステッチを2本かける。

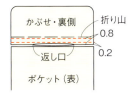

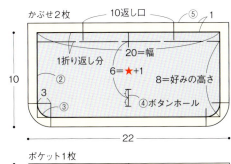

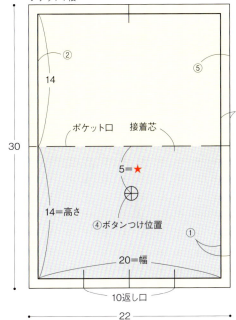

製図の手順

①ポケットは「基本のポケット」(p.60)と同様に製図する。
②かぶせは、「ポケットの幅×好みの高さ」の長方形を引く。
③かぶせの下の角に半径3cmのカーブを描く。
④ポケットにボタンつけ位置、かぶせにボタンホール位置を描く。ポケット口からボタンつけ位置までの距離と、かぶせの上端からボタンホールの中心までが同じ距離(★)になる。
⑤それぞれ、周りに1cmの縫い代をつける。

まちつき立体ポケット

厚みのあるものを入れるのに適した、まちつきポケットのデザイン2種類。

まちつきポケット・ベーシック

厚みのあるものにぴったり
底にまちをつまんで立体的にしたポケット。もっと厚みのあるものを入れたいときは、まち幅を広くして。

製図の手順
①でき上がりサイズの長方形を描く。
②両脇と底にそれぞれ2cmのまちをつける。
③ポケット口で線対称に製図する。
④周りに1cmの縫い代をつける。底に返し口(まちも含めた幅の1/2)の印をつける。

〜生地の選び方〜
まちつきポケットは、縫い代が重なるので、厚地は適さない。薄手の生地にきちんと接着芯を貼って作るのがおすすめ。

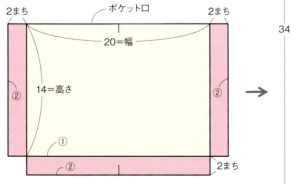

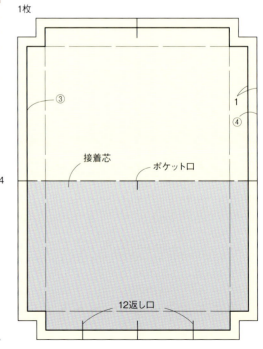

まちつきポケット・仕切りつき

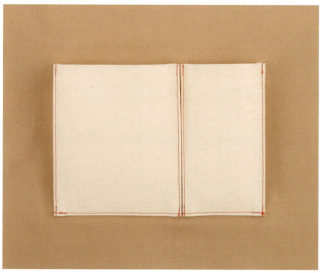

仕切りは使いやすい位置に
脇と仕切りにまちをたたんで立体的にしたポケット。仕切りの間隔を自由に配分して、いつもバッグに入れているものの定位置に。

製図の手順
①でき上がりサイズの長方形を描き、仕切り位置の線を引く。
②仕切り位置で切り開き、間と両脇にまち分2cmをつける。まちの印は、斜線の高い方から低い方の上に重なるように倒す。
③ポケット口で線対称に製図する。
④周りに縫い代1cmをつける。底に返し口の印（まちも含めた横幅の1/2の長さ）をつける。

〜縫う順番〜
まず、両脇と仕切りの折り山4本に端ミシンをかけ、袋に重ねて両脇と仕切りの3本を縫う。最後にまちをきちんとたたみ、底を縫う。

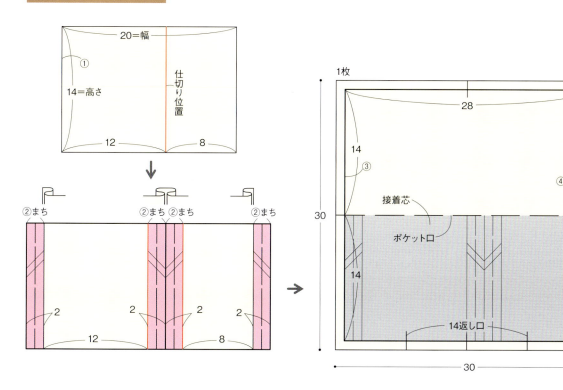

縫い込みポケット

脇線や底、持ち手の間に縫い込んでつけるポケット。
内側につけてもいい形もあるが、ここではわかりやすいよう外側につけて説明している。

基本の縫い込みポケット

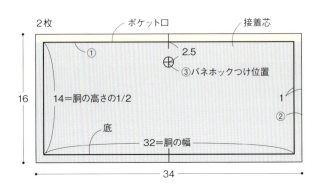

脇と底を縫い込む
「通しまち・直角」(p.28)の脇と底の接ぎ目を利用して、胴の下半分に重ねたポケット。中央にバネホックをつけているが、口幅が狭い場合はなくてもOK。

製図の手順
①「胴の幅×胴の高さの1/2」の長方形を描く。
②周りに1cmの縫い代をつける。
③バネホックつけ位置の印をつける。

〜縫い方ポイント〜
表布と裏布を中表に合わせてポケット口を縫い、表に返してポケット口にステッチをかける。胴に重ねて3辺を縫い代に仮止めする。

縫い込みポケット・仕切りつき

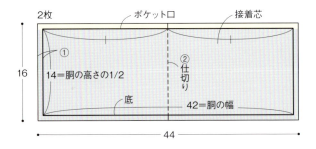

仕切りは好みの位置に
「基本のA4トートバッグ」(p.6)の脇にポケットの両脇を縫い込み、胴の中間につけている。中央に仕切りを縫って2等分しているが、縦横のバランスによっては3等分しても。

製図の手順
①上段「基本の縫い込みポケット」と同様に製図する。
②仕切りの線を引く。

〜縫い方ポイント〜
表布と裏布を中表に合わせてポケット口を縫い、表に返してポケット口にステッチをかける。胴に重ねて底と仕切りを縫い、両脇を縫い代に仮止めする。

ゴム入りギャザーポケット

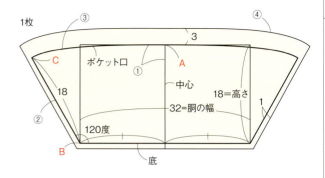

ボリュームのあるポケット
「通しまち・直角」(p.28)の脇と底の接ぎ目を利用して、胴の下半分に重ね、ポケット口にゴムを入れたポケット。ゴムが入って縮むので、1枚仕立てで。ふくらむ分を加えると、ポケット布は扇形になる。

製図の手順
①「胴の幅×好みの高さ」の長方形を描く。幅の中心線を引き、ポケット口の中心に印(A)をつける。
②脇は底の角(B)で120度に線を引き、ポケットの高さと同じ位置に印(C)をつける。
③AとCをなだらかなカーブで結ぶ。
④ポケット口には3cm、両脇と底に1cmの縫い代をつける。幅の中心線で線対称にして右側も同様に描く。

～ポケット口のゴム～
ポケット口を三つ折りしてはみ出した両端の縫い代はカットする。ゴムを通したら、ゴムの両端を縫い代に返し縫いをして留める。まちと縫い合わせる前に、胴の縫い代に3辺を仮止めする。

持ち手の間につけるポケット

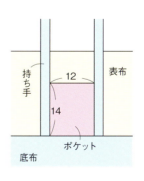

小さいけれど便利
表胴に縫いつける持ち手2本と底の切り替え線(p.25)の間に挟んで作る。厚地でも縫いやすく、サイズは小さいながらも、よく出し入れするものを入れるのに便利なポケット。

製図の手順
①「持ち手の間の幅×好みの高さ」の長方形を描く。
②周りに1cmの縫い代をつける。

> p.66~67のポケットは、ゴム入りギャザーポケット以外は、袋口をわで裁ってもOK。

ファスナーつきポケット

ポケット口にファスナーをつけたデザイン。貴重品を入れるのにおすすめです。

基本のファスナーポケット

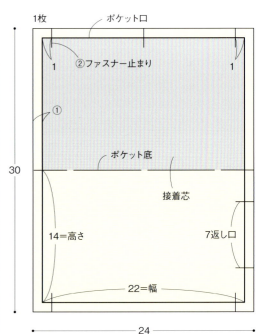

ファスナーが天を向いてつく形

「基本のポケット」(p.60)とは逆に底をわにしてポケット口にファスナーの片側を縫い込み、もう片側を袋布につけたポケット。ファスナーの両端をきちんとたたんで処理しておけば(p.52)、すっきりとつけられる。

製図の手順

①「基本のポケット」(p.60)と同様に製図をする。ただし、返し口は脇につける。
②両端から1cmの内側にファスナー止まりの印をつけておく。

～ポケットの縫い方ポイント～

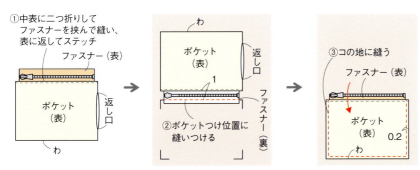

切り替え線利用のファスナーつきポケット

見返し（表）

1枚　ポケット口
1　②ファスナー止まり　1
①
ポケット底
接着芯
14＝高さ　7返し口
22＝幅
30
24

ファスナーの片側を挟む
袋布の切り替え線にファスナーの片側を縫い込んだ形。見返しの製図は「上部を切り替える」(p.24)と同じ。どちらかというと、バッグの内側につけるのがおすすめ。

製図の手順
①「基本のポケット」(p.60)と同様に製図する。ただし、返し口は脇につける。
②ファスナー止まりの印をつけておく。

～ファスナーの長さが決まっている場合～
ポケットの幅は「ファスナーの長さ＋2cm」に。ファスナーの両端に1cmずつ余分をつけておくと、3辺を縫うときの縫い始めと縫い終わりをすっきりとつけられる。

～ポケットの縫い方ポイント～

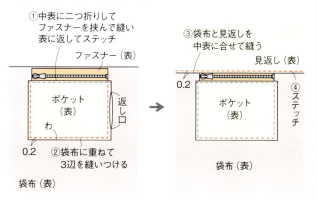

①中表に二つ折りしてファスナーを挟んで縫い表に返してステッチ
ファスナー（表）
ポケット（表）
わ
返し口
0.2　②袋布に重ねて3辺を縫いつける
袋布（表）

③袋布と見返しを中表に合せて縫う
見返し（表）
0.2
ポケット（表）
④ステッチ
袋布（表）

ファスナーつき切りポケット

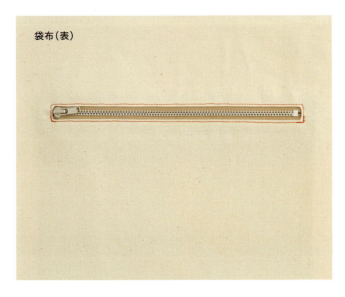

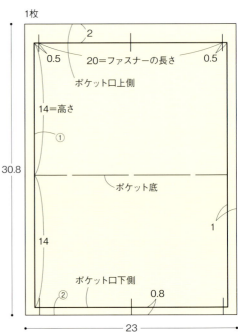

表からはファスナーだけが見える

袋布に切り込みを入れて、裏側にファスナーとポケット袋布をつける。ファスナーテープの色をアクセントにしても。どちらかというと、バッグの外側につけるのがおすすめ。

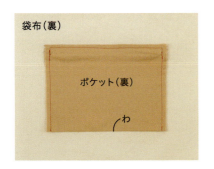

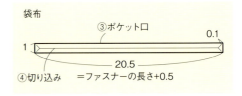

製図の手順

①ポケットは、横はファスナーの長さにゆとり分0.5cmを取り、縦は高さの2倍の長方形を描く。
②ポケット口下側には0.8cm、ポケット口上側は2cm、両脇は1cmの縫い代をつける。
③袋布には「(ファスナーの長さ+0.5cm)×1cm」のポケット口の印をつける。
④ポケット口に、切り込みの印をつける。両端はY字に。

〜ポケットの縫い方ポイント〜

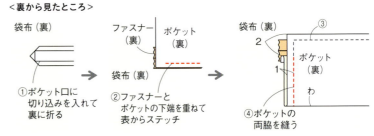

column

付属パーツについて

金具について

この本で持ち手や袋口などに使っている金具をまとめて紹介します。

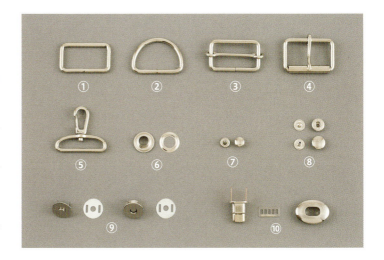

①角カン（p.40,43）
長方形のカン。持ち手を袋口に直接つけず、角カンを通した吊りベルトでつなぐ場合などに。

②Dカン（p.44,53）
D型のカン。直線側にはベルトを通し、カーブ側にはナスカンをつけて使うことが多いです。

③コキカン（p.43,44）
肩紐の長さを調節する金具で、送りカンとも呼ばれます。斜め掛けショルダーやリュックなどに使います。

④バックル（p.45）
肩紐の長さを調節する金具で、持ち手の穴に挿すピンがついています。尾錠（美錠）とも呼ばれ、ハトメとセットで使います。

⑤ナスカン（p.44,53）
取り外しが簡単にできるパーツ。いろいろな種類がありますが、これは「アミナスカン」と呼ばれる形。

⑥ハトメ（p.45,55）
穴を開けた周囲を補強する金具。サイズに合わせた専用の打ち具が必要です。

⑦カシメ（p.41）
ベルトやタブなど細かいパーツを留める金具。装飾用の飾りカシメもあります。専用の打ち具が必要です。

⑧バネホック（p.53）
中にバネが2本入っていて開閉しやすい留め金具。4種類のパーツで1組。専用の打ち具が必要です。

⑨マグネットボタン（p.49,52）
磁石で開閉する留め具。切り込みを入れて足を差し込み割るタイプがよく使われますが、縫いつけるタイプもあります。

⑩ヒネリ金具（p.49）
凸側を凹側に差し込み、ひねって留める金具。凸側はマグネットボタンと同様のつけ方。凹側は、布をくり抜いてネジで留めます。

底板について

まち幅の広いバッグや、重いものを入れるとき、底の形をきれいにキープしたい場合には、底板を入れるといいでしょう。1つ作っておけば、底のサイズが同じバッグで共有可能です。

取り外しできる底板の作り方

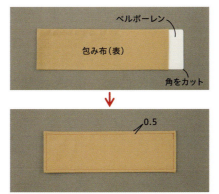

①ベルポーレンをバッグの底のサイズより縦横各0.5cm小さめにカットする。
②角をカーブにカットする。もしくは、斜め45度に切り落とす。
③包み布を、底の倍のサイズの周囲に1cmの縫い代をつけて裁つ。
④③を中表に合わせ、短辺を1か所残して縫う。
⑤表に返して②を中に入れ、縫い代を折り込む。0.5cm内側をぐるりと、ベルポーレンごと一周縫う。

写真は、ベルポーレンという発泡ポリエチレン製のシート状の芯材。手芸店や袋物材料店などで手に入ります。色は白と黒があるので、生地の色に合わせて選べます。厚さは0.5〜3mmといろいろありますが、1.5mmくらいが使いやすいのでおすすめ。家庭用ミシンでも縫えます。

step 3 　組み合わせてバッグを作る

step 2のデザインを組み合わせて
バッグを作ってみました。
これはほんの一例で、アレンジの方法は無限大なので、
ぜひ自分のお気に入りを仕立ててみてください。

アレンジデザイン 1
底切り替えのトートバッグ

[**組み合わせたデザイン**
表袋…下部を切り替える(p.25)
裏袋…上部を切り替える(p.24)
持ち手…リバーシブル持ち手(p.38)
袋口…マグネットボタン(p.52)
ポケット…吊るしポケット(p.59)／
　　　　　持ち手の間につけるポケット(p.67)]

「基本のA4トートバッグ」(P.6)とまったく同じサイズ
で、底に切り替えをつけました。帆布などの厚手の生
地で作るのにも適したデザインです。とくに、底、持ち
手の表側、内側の見返しには厚地を使うとしっかりと
仕上がります。厚地の場合は、縫い返すタイプの二重
仕立てのポケットよりも、吊るしポケットですっきりと。

アレンジデザイン2
ビッグサイズのトートバッグ

組み合わせたデザイン
- **表袋**…一泊旅行サイズ(p.15)
- **裏袋**…上部を切り替える(p.24)
- **持ち手**…幅広二つ折り持ち手(p.39)
- **袋口**…ナスカン+Dカン留めのタブ(p.53)
- **ポケット**…まちつきポケット・仕切りつき(p.65)／切り替え線利用のファスナーつきポケット(p.69)

小旅行にも出かけられる大きめサイズのトートバッグ(p.15)。持ち手は肩に当たる部分を二つ折りしているので、肩に掛けやすくなっています。裏袋の袋口には、両側にナスカンつきタブとDカンつきタブをそれぞれつけてあるので、荷物が少ないときには、これを留めれば袋口がすぼまって台形のバッグに変身します。

アレンジデザイン 3
A4サイズの縦長バッグ

組み合わせたデザイン
袋…横まち・直角(p.27)
持ち手…角カンづかい(p.40)
袋口…口幅より短いファスナーをつける(p.50)
ポケット…基本の縫い込みポケット(p.66)

横まちの縦長トートバッグは、A4サイズの書類などを入れるのに適した形。袋口を閉める必要がないときにはオープンファスナーの開具を外して天まちを中に落とすこともできます。角カンづかいの持ち手は外側に倒しやすく、中を探すときに邪魔になりません。両脇のまちには「基本の縫い込みポケット」(p.66)を応用して脇ポケットをつけました。

アレンジデザイン 4

メッセンジャーバッグ

> **組み合わせたデザイン**
> **表袋**…基本のA4トートバッグ(p.6)
> **持ち手**…コキカン＋角カンづかい(p.43)
> **袋口**…大かぶせをつける(p.48)
> **ポケット**…基本のポケット(p.60)／
> 　　　　　ファスナーつき切りポケット(p.70)

コキカンを使って、長さ調節ができる肩紐をつけているので、ワンショルダーとして使うことも、斜め掛けすることもできます。袋全体を覆う大かぶせは、頻繁にものを出し入れするのは少し面倒なので、背面に切りポケットをプラスしました。長い肩紐は無駄が出ないように横地に取っていますが、きちんと接着芯を貼れば大丈夫。ストライプ柄の縦横の組み合わせを工夫しています。

アレンジデザイン 5
巾着バッグ

組み合わせたデザイン
袋…小判底・直角(p.28)
持ち手…シンプル1本手(p.42)
袋口…ハトメ+紐(p.55)
ポケット…仕切りつきポケット(p.61)

袋のサイズは、「基本のA4トートバッグ」(p.6)と同じ。表袋に上下の方向がある柄布を使いたかったので、底をわで裁たずに、別布を接ぎ合わせる形の小判底に。袋口に等間隔でハトメをつけて紐を通し、絞れば巾着風、広げれば普通のトートバッグになるデザイン。持ち手を長くすれば、ショルダーバッグにもできます。

アレンジデザイン 6
2wayバッグ

> **組み合わせたデザイン**
> **袋**…通しまち・角丸(p.29)
> **持ち手**…リボン持ち手(p.43)
> 　　　　基本の四つ折り持ち手(p.38)
> **袋口**…ボタン+ループ(p.55)
> **ポケット**…ボタン留めポケット(p.62)

リボン持ち手と、短めに作った基本の四つ折り持ち手の両方をつけた、2wayバッグです。底に半径7cmのカーブをつけた胴と、通しまちを接ぎ合わせました。内ポケットのポケット口と、袋口にお揃いのボタンをつけて留め具に。くったっとした感じに仕上げるため、あまり厚くない生地を使用しました。

アレンジデザイン 7

3wayリュック

> **組み合わせたデザイン**
> **表袋**…たたむまち・J型(p.26)
> **裏袋**…基本のA4トートバッグ(p.6)
> **持ち手**…コキカン+ナスカン+Dカンづかい(p.44)
> **袋口**…バネホック留めのタブ(p.53)
> **ポケット**…基本のポケット(p.60)

コキカンで長さ調節できる肩紐の両端には、ナスカンをつけ取り外し可能に。表袋の脇にDカンを4か所つけたので、つなぎ方を変えれば、リュックにも、斜め掛けバッグにもなります。また、肩紐を外せばクラッチバッグや大きなポーチとしても使え、「たたむまち・J型」でペタンコにたためるので、旅行のおともにも。

アレンジデザイン 8
ミニトートバッグ

組み合わせたデザイン
袋…お弁当箱サイズ（p.15）
持ち手…基本の四つ折り持ち手（p.38）

アレンジデザイン 9,10
ファスナーポーチ

組み合わせたデザイン
袋…A／基本のA4トートバッグ（p.6）
　　B／底にカーブをつける（p.23）

基本のトートバッグのスモールサイズ。お弁当箱がすっぽり入る大きさ（p.15）で、ちょっとしたお散歩用バッグにもおすすめ。袋口の留め具もポケットもなしで、余計なものを削ぎ落としたシンプルデザイン。持ち手の幅はもう少し細くてもいいでしょう。

ポーチの大きさは「基本のファスナーつきポケット」（p.68）を使用。Aは「基本のA4トートバッグ」（p.6）の方法で、つまみ底のまちを4cmつけています。Bはまちをつけず、底を半径3cmのカーブに。ファスナーを袋口につけ、裏袋をまつりつけました。

著者　越膳夕香

撮影　　　白井由香里
デザイン　アベユキコ
トレース　（株）ウエイド　手芸制作部
編集　　　加藤みゆ紀

協力　　クロバー（株）
　　　　大阪府大阪市東成区中道3丁目15番5号
　　　　TEL:06-6978-2277(お客様係)

　　　　（株）角田商店
　　　　東京都台東区鳥越2丁目14番10号
　　　　TEL:03-3863-6615(店舗直通)
　　　　http://www.tsunodaweb.shop/

● 本書の複写に関わる複製権・翻訳権・上映権・譲渡権・公衆送信権（送信可能化権を含む）は株式会社日本ヴォーグ社が管理の委託を受けています。
● JCOPY ＜（社）出版者著作権管理機構　委託出版物＞
本書の無断複写は著作権法上での例外を除き禁じられています。複写される場合は、そのつど事前に、(社)出版者著作権管理機構（電話 03-5244-5088、FAX 03-5244-5089、e-mail: info@jcopy.or.jp）の許諾を得てください。
● 万一、乱丁本、落丁本がありましたらお取り替えいたします。お買い求めの書店か小社出版受注センターへお申し出ください。

バッグの型紙の本

発行日／2017年 9月19日　第 1 刷
　　　　2025年 2月20日　第17刷
著者／越膳夕香
発行人／瀬戸信昭
編集人／今 ひろ子
発行所／株式会社 日本ヴォーグ社
〒164-8705　東京都中野区弥生町5丁目6番11号
ヴォーグビル
TEL／編集：03-3383-0644
出版受注センター／TEL:03-3383-0650
FAX:03-3383-0680
印刷所　大日本印刷株式会社
Printed in Japan © Yuka Koshizen 2017
NV70429 ISBN978-4-529-05723-3 C5077

We are grateful.
あなたに感謝しております

手作りの大好きなあなたが、この本をお選びくださいましてありがとうございます。内容はいかがでしたか？　本書が少しでもお役に立てば、こんなにうれしいことはありません。日本ヴォーグ社では、手作りを愛する方とのおつき合いを大切にし、ご要望におこたえする商品、サービスの実現を常に目標としています。小社及び出版物について、何かお気付きの点やご意見がございましたら、何なりとお申し出ください。そういうあなたに、私共は常に感謝しております。

株式会社日本ヴォーグ社社長　瀬戸信昭
FAX 03-3383-0602

日本ヴォーグ社関連情報はこちらをご覧ください。
(出版、通信販売、通信講座、スクール・レッスン)
https://www.tezukuritown.com/

手づくりタウン　検索